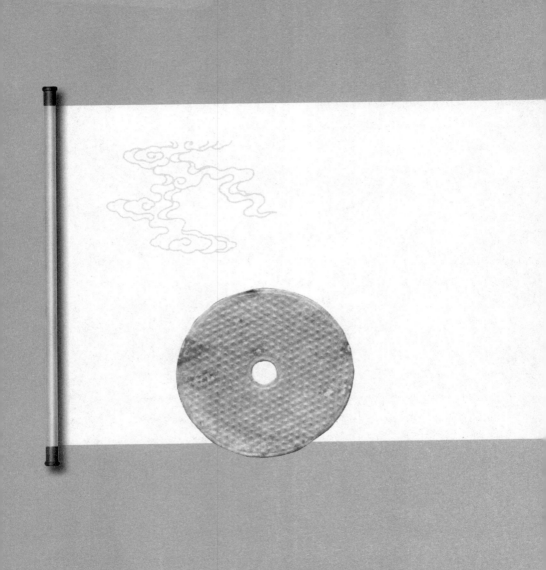

指鹿为马
——赵高

◎ 主编 金开诚

◎ 编著 骆 洋

吉林文史出版社

吉林出版集团有限责任公司

图书在版编目（CIP）数据

指鹿为马——赵高 / 骆洋编著 . —长春：吉林出
版集团有限责任公司：吉林文史出版社，2010.11（2022.1 重印）
ISBN 978-7-5463-4132-3

Ⅰ . ①指… Ⅱ . ①骆… Ⅲ . ①赵高（？ ～前 207 年）–传记
Ⅳ . ① K827=33

中国版本图书馆 CIP 数据核字（2010）第 222284 号

指鹿为马——赵高

ZHILU WEIMA ZHAOGAO

主编/ 金开诚　编著/骆 洋

项目负责/崔博华　责任编辑/崔博华　刘姝君

责任校对/刘姝君　装帧设计/柳甬泽　王丽洁

出版发行/吉林文史出版社　吉林出版集团有限责任公司

地址/长春市人民大街4646号　邮编/130021

电话/0431-86037503　传真/0431-86037589

印刷/三河市金兆印刷装订有限公司

版次/2010 年 11 月第 1 版　2022 年 1 月第 5 次印刷

开本/650mm×960mm　1/16

印张/9　字数/30千

书号/ISBN 978-7-5463-4132-3

定价/34.80元

前　言

　　文化是一种社会现象，是人类物质文明和精神文明有机融合的产物；同时又是一种历史现象，是社会的历史沉积。当今世界，随着经济全球化进程的加快，人们也越来越重视本民族的文化。我们只有加强对本民族文化的继承和创新，才能更好地弘扬民族精神，增强民族凝聚力。历史经验告诉我们，任何一个民族要想屹立于世界民族之林，必须具有自尊、自信、自强的民族意识。文化是维系一个民族生存和发展的强大动力。一个民族的存在依赖文化，文化的解体就是一个民族的消亡。

　　随着我国综合国力的日益强大，广大民众对重塑民族自尊心和自豪感的愿望日益迫切。作为民族大家庭中的一员，将源远流长、博大精深的中国文化继承并传播给广大群众，特别是青年一代，是我们出版人义不容辞的责任。

　　本套丛书是由吉林文史出版社和吉林出版集团有限责任公司组织国内知名专家学者编写的一套旨在传播中华五千年优秀传统文化，提高全民文化修养的大型知识读本。该书在深入挖掘和整理中华优秀传统文化成果的同时，结合社会发展，注入了时代精神。书中优美生动的文字、简明通俗的语言、图文并茂的形式，把中国文化中的物态文化、制度文化、行为文化、精神文化等知识要点全面展示给读者。点点滴滴的文化知识仿佛颗颗繁星，组成了灿烂辉煌的中国文化的天穹。

　　希望本书能为弘扬中华五千年优秀传统文化、增强各民族团结、构建社会主义和谐社会尽一份绵薄之力，也坚信我们的中华民族一定能够早日实现伟大复兴！

目录

一、赵高的身世   001

二、沙丘政变，改诏瞒天过海   031

三、谋害忠臣，取代李斯为相   071

四、指鹿为马，颠倒是非黑白   097

五、二次政变，赵高不得善终   107

六、盖棺定论，客观评价赵高   123

一、赵高的身世

赵高是沙丘政变的主谋，也是毁灭秦帝国的主要人物。有关赵高的身世，几千年来了解甚少而曲解甚多。司马迁在《史记》中，没有为赵高立传，是因为他鄙薄这个人物，还是觉得赵高的身份不足以立传，今人不得而知。但是，从《秦始皇本纪》《蒙恬列传》《李斯列传》等文中，可以散见赵高的生平行事。所以，赵高身世，从各种书籍的记载中还是能够比较清晰地找到一些线索的。

据《史记》卷八十八《蒙恬列传》中记载："赵高者，诸赵疏远属也。赵高昆弟数人，皆生隐宫，其母被刑僇，世世卑贱。秦王闻高强力，通于狱法，举以为中车府令。高既私事公子胡亥，喻之决狱。高有大罪，秦王令蒙毅法治之。毅不敢阿法，当高罪死，除其宦籍。帝以高之敦于事也，赦之，复其官爵。"

从《蒙恬列传》中的记载来看，赵高兄弟的卑贱地位好像是由母亲造成的。

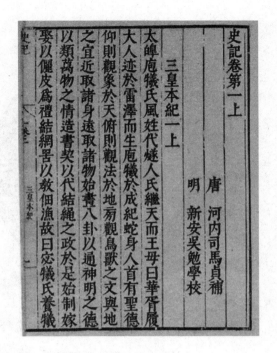

"其母被刑僇"，这句话的意思是"其母被处以耻辱刑"。赵高的母亲犯了什么法，受了哪一种耻辱刑，由于没有明确记载，也无法知晓。但可以肯定的是，受刑之后，她在"隐宫"中生活，并从事由"隐宫"分配的劳动任务。因此，"赵高昆弟数人，皆生隐宫"是说"赵高兄弟数人都是在隐宫中出生的"，而非"赵高兄弟数人都是一出生就是隐宫"。隐宫，《正义》说："余刑见于市朝。宫刑，一百日隐于荫室

养之乃可,故曰隐宫,下蚕室是。"将"隐宫"解释为"蚕室",为处宫刑以及宫刑者疗养康复之处。这个解释,姑且不论其正确与否,依照这个解释,对于赵高的母亲受刑,赵高兄弟数人为何生于这种地方,道理上完全讲不通。马非百先生以为,隐宫当为"隐官"之文误。他根据《云梦秦简》秦律十八种军爵律及法律问答,隐官为官府的手工作坊,收容赦免后身体有残缺的受刑者工作,也用来指称刑满人员的身份,与宫刑和去势完全没有关系。赵高的母亲有罪"被刑僇"，身体有残缺，赦免后在"隐官"做工生活，赵高及其兄弟数人，出生于这里。马先生所论，甚为恰当。据《张家山汉简·户律》，隐官一词，不仅用来指称收容刑余者的官府手工作坊，更用来指称被收容于隐官的刑余之人。在以爵制等级确定身份的秦汉社会中，隐官是一种法律定义明确的身份，其身份与（减刑有期）刑徒的司寇同等，在没有爵位的什伍、公卒和庶人之下一等，其田宅名有量的限

制，为半顷半宅，也就是说隐官地位在普通庶民之下，所能占有的土地和住宅，相当于普通庶民等级的一半，允许单独立户。也就是说，隐官是介于庶人和奴隶之间的一种身份。而且古代法律注重公正，隐官虽然地位低下，其婚姻却不受限制，隐官子女的身份也同于普通庶民。由此我们可以了解到赵高的母亲受过刑罚，身份为刑余隐官，赵高兄弟数人都出生于"隐官"，所以史称赵高世世

卑贱。

　　而且根据一些史书的记载我们了解到，赵高是有儿女的人。他的女儿嫁与阎乐。阎乐任咸阳令，曾经参与望夷宫政变。所以现在有些论断说赵高是阉臣是缺乏根据的。实际上，司马迁从来没有说过赵高是宦阉，不仅司马迁没有说过，东汉以前的所有史籍中都没有赵高是宦阉的记载。说赵高是宦阉的误解，一是出于对"宦"字理解的错误，二是

基于错误的文字"隐宫"所作的丑化曲解。《史记·李斯列传》记载说赵高是"宦人",有"宦籍"。这是赵高被误解为宦阉的一条材料。然而,根据新出土的《张家山汉墓竹简》,"宦",就是在宫中内廷任职的意思。宦人,就是任职于宫内之人,相当于王或者皇帝的亲近侍卫之臣。宦籍,就是用来登录出入于宫门者的登记册。秦汉时代,不管是"宦人""宦籍",还是"宦官"的用语，都没有指被去势的男人出仕宫内官职，也就是后代所谓的"宦官"的语义。当时，被去势的男人被称为"奄（阉）人"，在宫中任职的阉人被称为"宦奄（阉）"，定义非常清楚。根据这个最新的材料，赵高是任职于宫中的宦人，也就是皇帝的亲近之臣，而不是被去势的宦阉。

《张家山汉墓竹简·二年律令·傅律》："公士、公卒及士五（伍）、司寇、隐官子，皆为士五（伍）。"据此，隐官产子，其

身份当是无爵的士五。也就是说，尽管赵高的母亲是刑余隐官，身份低贱，但是，赵高兄弟的法律身份是士五，与普通的庶民相同。赵高有兄弟数人，史书上见到名字的有弟弟赵成。赵高出任丞相以后，赵成接替赵高担任郎中令，参与了废杀二世皇帝的望夷宫政变。赵高的身份仕途，主要受父亲的影响。然而，关于赵高的父亲，史书完全没有提及。

我们可以做一番推测。战国时代，

天下合纵连横，各国间结盟换约，相互间以王室公子作为人质。这些作为人质的公子，多是国君众多子女中不受宠爱的疏远者，被当做交换的人质后往往长期滞留异国他乡，不少人潦倒终生，至死不得归还。赵是赵国王族的姓氏，赵高的父系是赵国王室的疏族。赵高祖上大概是由赵国到秦国作为交换人质的这一类公子，在赵国无宠，在秦国无援，不得已而滞留于秦，后来在秦国娶妻生

子，子孙后代流落于咸阳市井当中，成为秦人，与普通庶民无异。

据《云梦秦简·秦律十八种》之《内史杂》："非史子殹（也），毋敢学学室，犯令者有罪。"上引《张家山汉墓竹简》史律也说史之子学史。史是世袭，史之子才能作为史学童入学室学习。已如前述，赵高出仕，走的是学史入仕的途径，以史之子学史而论，他的父亲，当然也是史了。作为一种可能，赵高的父亲大概是在隐官工作的下级文法官吏，通晓法律，精于书法，而且长于刀笔，在隐官做下级文牍官吏。赵高的父亲，在隐官任职时结识了同在隐官工作的赵高的母亲，组建了家庭，生下赵高兄弟。秦是注重世业的国家，子承父业、以吏为师成了秦国的国策。如此，我们也便于解释赵高成年以后能够走文法的道路入仕，成为第一流的书法家和法学家，能够步

步高中，出人头地，都与父亲的职业和
影响密切相关。

　　下面我们来分析一下赵高的生平。
我们知道秦国自商鞅变法以来，以耕战
立国，以法律治国。军人，最受社会推
崇；官吏，最为民人敬畏。秦国男子走
上仕途的途径，不外从军和为吏两条正
道。男子17岁成年，开始承担国家的徭
役租税，或者应征参军，杀敌立功，或
者入学室学习，通过选考出任官吏。学
室是专门培养文法官吏的官设学校，分

别设置在首都和各郡。学生多从文法官吏的子弟当中选拔，17岁入学，学习三年，主要学习识字、书法和法律。学满三年以后，在所在学室参加资格考试，可以背写五千字以上者为合格，除授为史，即可以担当文法事务的小吏，也就是办事员。除授为史者，进而可以参加中央政府主持的初等选拔考试。初等选拔考试在各地举行，各郡的试卷送到首都咸阳，统一由少府属下的大史审阅判定。

判定的结果，提拔最优，处罚最劣。成绩最优秀者被任命为出身县的令史，相当于秘书一类，直接在县令的手下工作；成绩最差者，其所除授的史职将被取消。三年后，出任令史者还有一次高等选拔考试，经过严格的考试和审查，选拔最优秀者一人，进入宫廷担当尚书卒史，以内廷秘书的职务，直接在秦王的左右工作。

根据《史记·李斯列传》载赵高说："高固内官之厮役也，幸得以刀笔之文进

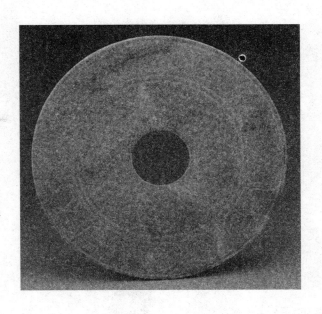

入秦宫，管事二十余年，未尝见秦免罢丞相功臣有封及世者也，卒皆以诛亡。"赵高说李斯，是在秦始皇三十七年（公元前210年）的沙丘之谋。此时，赵高进入秦宫为吏，已有二十余年。据此前推二十余年，以21到29年计算，赵高进入秦宫当在秦王政八年到十六年之间。取其中间，以25年计算，可以大致将赵高进入秦宫的时间定在秦王政十二年（公元前235年）。

那么，赵高进入秦宫时的年龄究竟是多少岁呢？已如上述，赵高的仕宦经历是：史学童—史—令史—尚书卒史—中车府令—郎中令—丞相。根据上引《张家山汉墓竹简》史律，史学童入学室是17岁，三年后有揄史的考试，三年后再有统一考试。以此推测，赵高17岁入学室为史学童，20岁太史考试合格揄史，23岁参加统一考试，以第一名除为尚书卒史入宫任职，时间在秦王政十二年。

也就是说，秦王政十二年，赵高 23 岁。以此计算，赵高出生于秦昭王四十九年（公元前 258 年），死于秦二世三年（公元前 207 年），活了 52 岁。赵高任郎中令，是在 50 岁时，出任丞相，是在 51 岁时。赵高一生经历简单概述如下：

秦昭王四十九年（公元前 258 年）赵高 1 岁。

秦王政五年（公元前 242 年）赵高 17 岁，入学室为史学童。

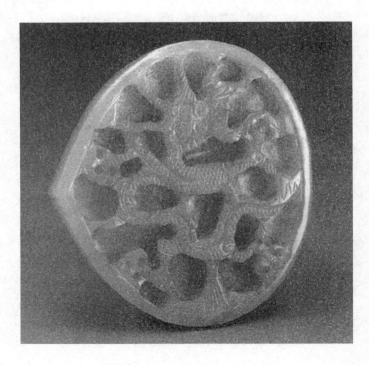

秦王政八年（公元前 239 年）赵高 20 岁，考试除为史。

秦王政十一年（公元前 236 年）赵高 23 岁，并课第一，除为尚书卒史，进入秦宫。

40 岁以前担任中车府令。

二世元年（公元前 209 年）赵高 50 岁，郎中令。

二世二年（公元前 208 年）赵高

51 岁，丞相。

二世三年（公元前 207 年）赵高 52 岁，死。

从上面的简单介绍可以看出年轻的赵高虽然地位低贱，但他的智力并不低，并且比其他人要勤奋许多。他不甘心永远处于卑微的地位，永远供人驱使，努力改变自己的命运。当时，秦国这种任用贤能的制度让赵高看到了希望。于是，他学习当时很受人们重视的狱律，到了青年时期，赵高长得身材魁伟，而且学

有长进，熟悉了许多案例，达到了"通于狱法"的境界，还能写一手漂亮的篆字，加上他为人谨慎，善见风使舵，左右逢源，在宫中很讨人喜欢。于是，在人们的夸奖声中，赵高终于得到秦始皇的青睐，被"举以为中车府令"。虽说中车府令是一个同县令级别差不多的官儿，但由奴隶变成了掌管皇宫车马，常常在皇帝身边出入的近臣，这就非同小可，因为这是一个可以自由出入王宫内苑的官员身份。

很快赵高就得到了皇帝的赏识，秦始皇对赵高也很放心，常让他接触一些朝廷机密，并委以赵高重任。由于赵高善于察言观色、逢迎献媚，因而很快就博得了秦始皇和胡亥的赏识和信任。有一次，赵高犯下重罪，蒙毅按律要处他死刑，秦始皇却赦免了他并复其原职，由此不难看出秦始皇对赵高的偏爱。秦始皇还让赵高写了《爱历篇》，与丞相李斯一起

写的《仓颉篇》，与太史令胡毋敬一起写的《博学篇》作为统一全国文字的小篆范文颁行全国。

赵高得到了秦始皇的宠信，可是他对这种地位并不满足，他梦想着能有一天爬到万人之上的位置，成为权力的主宰。为此，他处心积虑，寻找机会创造条件。他生活在皇帝身边，出入于王宫内苑，对宫廷之事无所不知。秦始皇的大公子扶苏是一个耿直忠厚，有治国安邦之志的人，所以在众公子之上。但他

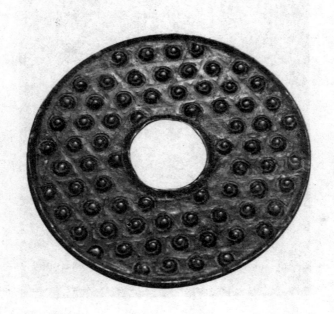

多次劝谏父皇宽政减刑，屡屡激怒父
皇，被父皇渐渐疏远。一次，扶苏又上
书秦始皇，陈说减少酷刑，安抚民心之
理，惹得刚愎自用的秦始皇大怒。始皇
降旨，令扶苏到北方蒙恬率领的军中做
监军。当时，秦始皇还没确立继承皇位
的储君，而公子扶苏对赵高一类巧舌如
簧之人十分鄙视。他被派往边境，远离
宫廷，赵高自然暗喜。有才能且有条件
成为皇位继承人的扶苏被皇帝疏远，赵
高开始思量众公子中哪一个最受皇帝喜

欢。如果能得到皇帝喜欢的公子的信任，日后皇权易手，赵高自然会成为新皇帝的亲信宠臣。说来也怪，雄才伟略的秦始皇，偏偏娇宠10岁的幼子胡亥。而胡亥却幼稚无知，心无大志。赵高出入宫闱，对胡亥十分了解，若是胡亥一朝登基，将会为他提供弄权的广阔天地。于是，赵高抓住时机，想方设法笼络幼稚平庸的公子胡亥。他整日陪在胡亥的左右，陪他玩耍，有时还教他一些文章、书法、狱律等知识。秦始皇见此自然高兴，后来便让赵高指点胡亥学习狱法和书法。

　　但秦始皇万万没有想到，就是这位在自己眼中"敏于事"的宠臣，日后会成为断送大秦江山的祸首。所以，这个台阶也就为赵高奠定了发迹的基石，也为秦王朝的灭亡埋下了隐患。

二、沙丘政变，
改诏瞒天过海

秦朝建立以后，由于秦始皇对广大人民实行残暴的统治，各地人民群众的反抗从来没有停止过。除了武装斗争外，广大人民还以歌谣的形式咒骂秦始皇，如"阿房阿房，亡始皇"等。人民群众的不满和反抗，使统治阶级也很担心。因此，秦始皇在统一后的十余年间，先后进行了五次远途巡行。其目的就是到各地耀武扬威，加强对全国的控制。在每次始皇"亲巡天下，众览四方"的过程中，需要带大批的卫士。作为主管皇帝车马乘舆的"中车府令"兼行符玺令事的赵高，自然在随行之列。为了取悦于秦始皇，每次出巡他都安排一支庞大的车队"大驾属车八十一乘，法驾半之。属车皆皂盖赤里，朱轓戈矛弩箙，尚书、御史所载。最后一车，悬豹尾，豹尾以前，比省中"。

秦始皇三十六年，即其死前一年，

有块陨石从天而降，有人在上面刻字说：
"始皇帝死而地分。"秦始皇听说后，拷
问在陨石旁居住的人，没有人认罪，始
皇就把周围的人全部诛杀了，随即销毁
了这块陨石。民间又有传言，公开咒骂
秦始皇："今年祖龙死。"祖龙，是人之
祖先，有暗指统一全国的第一个皇帝秦
始皇的意思。秦始皇闻之十分愤怒，可
是心里面又觉得有一点不安，而且种种
迹象，都预示着秦始皇命运的不妙，可
是他的生活依然我行我素，没有把继承

人的问题摆到重要议事日程上来。

按照常理大秦王朝的皇冠无论如何都不会落到胡亥头上：嫡长公子扶苏，才是秦始皇遗诏要求继位的正式继承人。胡亥兄弟26人，他是老小，即使按照兄终弟及的制度轮流当皇帝，等他继位时也怕是姜子牙的90高龄了。况且公子扶苏，性格仁慈，品行端正，他不仅有反对暴虐的治国思想，有政治远见，而且体恤民情，还知兵知书，是理想的二世皇帝。

有一次，秦始皇设宴招待群臣，众公子和胡亥都参加了，宴会结束，其他公子先退下了，但胡亥看见在殿门外整齐地排列着群臣依礼脱下的鞋子，不管三七二十一，借着酒劲，把群臣的鞋子踢得横七竖八。也许这体现了胡亥童心未泯的一面，但小处可以见大，后来胡亥治理天下，硬是像他踢鞋一样把国家"踢"得乱七八糟，最后把自己的性命也给"踢"没了。对他的胡作非为，当时"诸侯闻之者莫不太息"。

胡亥虽然才学、德行什么都没有，却具有天生的优势：他是秦始皇最小的儿子。平头百姓都有一句话："皇帝爱长子，百姓爱幺儿。"秦始皇却是一个爱幺儿的典型。而且根据《蒙恬列传》，据赵高所言，蒙毅曾经一度力阻秦始皇立胡亥为太子，蒙毅因此得罪二世。这些都是后话，我们回到胡亥何以有机会在众多不利因素下还能窃取皇位的故事中来。

始皇帝三十七年（公元前210年）十月，秦始皇离开咸阳，进行第五次出巡。这也是他最后一次出巡，巡行的路线是：从咸阳出发，出武关，沿丹水、汉水流域到云梦，再沿长江东下直至会稽（今浙江绍兴市南）。登会稽山，祭大禹，并刻石留念。秦始皇这次出巡，一是为了炫耀权力；二是为了封禅祭天讨取仙药，以求得江山永固，长生不老。出巡的队伍浩浩荡荡，左丞相李斯、中车府令赵高、上卿蒙毅随驾前往。赵高被皇帝授予重

要职责，"兼行符玺令事"，负责保管皇帝玉玺和诏书。年轻的胡亥喜欢游山玩水，请求与父皇同往。赵高为取悦胡亥，为他在秦始皇面前美言，最终达到了让胡亥随行的目的。

巡游的队伍先到了云梦泽，而后南下钱塘、浙江，到达会稽山。秦始皇亲临山顶，主持了祭祀大禹的仪式。最后，秦始皇乘船带人又一次奔琅琊而来，其实秦始皇已经来琅琊好几次了，为什么对这个地方如此眷恋呢？那是因为离这里

不远的海上，是传说中的蓬莱仙境，有长生不老之药。他此行的目的还是为了得到蓬莱仙境生长的长生不老之药。然而，仙药只是传说，这次寻药与以往一样，毫无收获。秦始皇大为扫兴，在懊恼和旅途劳累之下，招致病魔袭身。皇帝生病，随驾大臣们慌了手脚，他们请旨回朝，巡游不到一半，整个出巡的队伍急忙班师回返。

七月，往咸阳返回的巡游队伍刚走

到沙丘（今河北广宗西北大平台）驻扎时，秦始皇的病情不见好转，反倒是一天天地加重。他开始预感到自己大限已到，时日不多，当务之急是赶快确定继承人之事。他将二十几个儿子一一进行掂量，觉得胡亥虽然最得他的疼爱，但知子莫若父，此子昏庸无能，不成器；长子扶苏虽屡屡与自己政见不合，但为人"刚毅而武勇，信人而奋士"，再加上大将蒙恬的辅佐，无疑会是一位贤能的君王。况

且，依照嫡长子继承制也应该传位于他。当下秦始皇不再犹豫，召来兼管着皇帝符玺和发布命令诸事的赵高，写下给公子扶苏的诏书，当时扶苏正监军在上郡（今陕西榆林东南），秦始皇命他将军事托付给蒙恬，马上回咸阳，万一皇帝驾崩，由他主持丧葬事宜，这实际上已确认了他继承者的身份。诏书封好后，始皇吩咐赵高火速派使者发出，岂料老奸巨猾的赵高假意允诺着，暗中却扣压了遗诏。七月丙寅，秦始皇驾崩于沙丘平台。

　　为何赵高拿到诏书后没有马上派使者送出？他心中有自己的打算。原来，心怀叵测的赵高在秦国任事多年，谙熟宫廷权力之争的残酷。他明白，一旦雄才大略的扶苏当上了皇帝，自己不会有好结果。平日里扶苏就不喜欢赵高的谄媚嘴脸，而且他又有蒙氏兄弟的辅助，自己必定会受到冷落和排挤。况且蒙氏兄弟对他也没有好感，几次三番还想置赵高于死地，所以一旦公开这道遗诏，对自己是极为不利的，因此决不能让扶苏

继承皇位。此时对自己言听计从的胡亥就在身边，唯有扶立胡亥成为皇帝才有可能保证自己日后的地位。现在就是一个要改变历史的绝好时机，由于"玺书"封存在"行符玺事所"，还没有派送出去，正好给他提供了篡改"玺书"的便利条件。于是，一个恶毒的计划在赵高的脑海中逐步形成了。即将上演的便是私拆诏书、篡改内容和派遣亲信逼死扶苏、蒙恬等丑剧。

秦始皇死在离都城咸阳千里之遥的

沙丘，老成稳重的丞相李斯非常害怕，因为皇帝生前没有确立继承者，而刚刚确立的继承者扶苏又远在边陲，一时无法联系。皇帝的死讯一旦传出，身在咸阳的公子们很可能产生继承大统之心，他们若纷纷起来争夺皇位，为此而角逐起来，后果将不堪设想。所以他在与身边的大臣商量后决定对秦始皇的死秘不发丧，向多方封锁消息。他一面催赵高尽快派使者给公子扶苏送遗旨；为了掩

饰真相，一面安排把皇帝的尸体放在一辆辒辌车中，让近侍宦官依旧像秦始皇活着时按时安排饮食，送水送饭，不要露出任何破绽；而且对大臣们递交的奏章照常批复，让一切保持为秦始皇仍然活着的假象。然而，正是这些诡秘的措施，给赵高施展阴谋提供了时间和方便。

赵高心想，秦始皇只给公子扶苏一封遗书，对胡亥并没有作任何安排，也没有分封其他公子。利用这一点，正可以煽动胡亥的私心。于是，他首先在胡

亥身上下工夫，争取他的同意既可以最大限度地讨好他，为以后进一步控制他作准备；又可将胡亥当做挡箭牌，掩人耳目，免去自己篡权的嫌疑。他怀揣着秦始皇的遗书和玉玺来找胡亥。一见面，就装出一副痛心疾首的样子说："今上驾崩，没有留下分封诸公子的诏令，可是单单给大公子写了一封'玺书'。大公子接到'玺书'，便会赶回咸阳来当皇帝了。而你没有一寸土地，跟平民百姓一

样，该怎么办呢？"胡亥不知是赵高的
诡计，加上他本来就缺少能力，又胸无
大志；听了赵高的话，只是仰天长叹道：
"这是命运决定的，有什么办法呢？英明
的皇帝，是最了解下臣的。明智的父亲，
也是最了解他儿子的。现在父亲已经去
世了，他没有分封自己的儿子是有他的道
理和想法的。既然这样还有什么可说呢？"

胡亥的回答，并不使赵高感到泄气。
因为胡亥的话中，流露出了无可奈何的

心情，并非不想做皇帝。于是，赵高进一步向胡亥献计道："你说得不对，目前的状况，并不是不可改变的。秦始皇死了，诸公子及蒙氏兄弟又都不在身边，大权全握在你与我及丞相手中，一切安排都取决于我们三人的意志，希望你早作打算，我们是愿意协助你的！你难道不明白统治别人与被别人统治，制伏别人与让别人制伏是不能同日而语的道理吗？"胡亥觉得于情于理有点过不去，说：

"废掉兄长而自立，是不仁义的；不遵循父亲的命令，是不孝的；自己才能不够，勉强靠别人的力量而取胜是不能的表现。不义、不孝、不能，这三者都是不道德的，即使取得了皇位，天下人也不会心悦诚服的，到那个时候自己的生命也会有危险，连祖宗打下的基业也要跟着断了祭祀和香火。"

听了胡亥的这番话，赵高更明白了胡亥的顾虑所在。于是，便旁征博引地进一步诱惑胡亥："我听说商汤、周武杀

了他们的君主，天下的人都说他们是仁义的，并不说他们不忠；卫国的君主杀了他的父亲而自立，大家都称颂他有道德，孔子也为他书上一笔，也不算不孝。可见，凡是干大事业的，就不能拘小节；有大德行的人，是不计较小的责备之辞的。所以，顾小而忘大的人，以后必定有灾难；犹豫不决的人，以后一定要后悔；凡是果断而敢干的人，鬼神见了也要躲避，而且一定会成功，希望你就按照我的意见办，我是真心实意在为公子着想啊！"

胡亥早就梦想有朝一日能够登上皇帝的宝座，只是碍于忠孝仁义的虚文而

不敢轻举妄动。现在听赵高一番贴心之语，蓄蕴已久的野心不禁蠢蠢欲动起来，但他仍有些犹豫，叹息道："现在父皇病逝的消息还没有公布，丧事还没有办，怎么能用这个事去麻烦丞相呢？"赵高早已摸透了他的心思，便进一步胸有成竹地说："时机！时机这对办好任何一件事都是十分重要的。公子不必再瞻前顾后，机不可失，失不再来。咱们备足了粮草，催开了战马，就是怕错过了时机。你既然不再反对我的建议，臣愿替公子去与丞相谋划，我这就去和丞相商量，这件事没有他的支持是不行的。"胡亥正求之不得，立即答应了，默许赵高去安排余下的事情。

现在赵高唯一需要拉拢的是丞相李斯。李斯是秦朝开国元老之一，他跟随秦始皇多年，协助秦始皇统一天下，治理国家，因而在朝中享有很高的声望。赵高看出：只有争取到李斯，篡位之事才有可能成功。为此，他颇费了一番心计考虑如何说服李斯同意与他一起篡改诏书的事情。李斯本出身布衣，正是因为不堪卑贱穷困才效命于秦始皇，而今虽然位居三公，享尽荣华富贵，但依然时时为自己的未来担忧，唯恐有一天眼前的一切会化为泡影。于是，他决定抓住李斯这个性格弱点，向李斯发起软硬兼施的进攻。

赵高独自一人来到李斯休息的帐前，一见面赵高就开始有恃无恐地对他坦言："皇上驾崩一事，外人无从知道，在他病重时留给大公子扶苏的诏书及符玺现在

李斯

在我那里，还没有发出去，想定谁为太子，全在丞相与高一句话，丞相看着办吧！"

李斯大惊，从这些突如其来的话他听出了赵高想篡诏改立的意图。他是一个一贯正直的人，怎能与赵高这样的人同流合污，他当下断然拒绝，义正词严地说："如此大逆不道的话，你怎么说得出口！斯本来出身低微，幸得皇上提拔，才有今日的显贵。皇上现今将天下存亡安危托付给你我，怎么能够辜负他呢！"

赵高是何等奸猾之人，见正面游说

无效，便话锋一转，问道："丞相，依您
之见，论才能，您能比得上蒙恬吗？论
功绩，您能高过蒙恬吗？论谋略，您能
超过蒙恬吗？论对百姓的好处以及与大
公子的关系和获得大公子信任的程度，
您又能比过蒙恬吗？大公子当权以后，
您和蒙恬谁能占上风，难道您自己还掂
量不出来吗？"这句话正触到李斯的痛
处，他沉默半晌，黯然地说："这几点我
都比不上蒙恬，可是不能以此来苛求与
我！"赵高装出十分关切的样子，进一步

试探道："丞相是个聪明人，其中的利害关系恐怕比高看得更清楚。大公子一旦即位，丞相之职必定落入蒙恬之手，到时候，你还能得善终吗？胡亥公子慈仁敦厚，实乃立嗣的最佳人选，希望丞相仔细度量度量。"听过这些话之后，李斯沉默不语了。

赵高见李斯已动心，便进一步抓住这个弱点继续挑拨，并且煞有介事地说："我赵高原不过是宫廷中干杂活的人，只是因为懂得一点儿法律，才能在秦宫任职，到现在已有十二年了。我十分了解秦国那些被罢免的丞相和功臣的可悲下场。他们获得的富贵，都没有超过两辈人，最终结局只有一个，就是杀头。"他边说边用狡黠的目光窥视着李斯的面部表情和内心的活动。

李斯当然十分熟悉秦朝的历史，他对前辈们的功过与命运也十分明白。就拿帮助秦孝公变法的商鞅来说，他的功绩在秦国的发家史上是不容抹杀的。然而，最后落了个"五牛分尸，人啖其肉"的下场。这血淋淋的事实的确触动着李斯的心。善于甜言蜜语和危言耸听的赵高从李斯的表情中不难判断出李斯此时的复杂心情。于是，他继续采取积极进攻的策略对李斯说："对皇帝二十多个儿子的情况，丞相您比我知道得更多。公子扶苏刚毅而武勇，威望很高，他做了皇帝以后，一定会用蒙恬做丞相，您就不可能佩带侯爵信印荣返故里了。我受先帝委派教胡亥法律，已经好几年了，从来没有发现他有什么过错。他为人老实厚道，不吝钱财，敬重读书人，思维敏捷而又不流于言表。他还礼贤下士，秦国的公子没有一个能比得上他的，他是最有条件继承皇位的。请丞相您定夺

吧！"说完，还摆出一副不容置辩的神情来。

李斯虽然担心自己未来的命运，但在毫无思想准备的情况下，不敢贸然行事，还是拒绝说："我李斯尊奉皇帝的命令行事，顺应天命，何必另有什么打算和决定呢！"

赵高以超越常人的傲慢语气回答道："平安可以变成危险，危险也可以变得平安，安危本来是可以转化的。如果对这个问题看不透、弄不清，还谈什么聪明

睿智？"

"我李斯本是上蔡城中的一个普通百姓，皇帝赏识我、信任我、封我为丞相，赐给我侯爵，子孙们也都当了大官，享受着厚禄，所以先帝把关系国家安危存亡的大事交付于我，我怎么能辜负先帝的厚爱和信托呢？忠臣能做到不怕死就差不多了，孝子要是不勤劳就危险了，为人臣的各守其职就行了。你不要再多说了。你再用这些话来扰乱我，会让我犯法的。"

　　李斯虽然再次拒绝，赵高却仍然摇唇鼓舌道："我听说圣人办事，总是根据形势的变化而定。看见梢就知道根，看见去向就知道归宿。事物不是永存的，怎能按老法子一成不变呢？现在天下的大权和命运，都操纵在公子胡亥的手中，我赵高是不愁不得志的。可是，话又说回来，在野的要制伏在朝的，那叫糊涂；居下的要制伏居上位的，那叫犯上。所以，

秋天一下霜，草木就要凋零；春天冰化了，水波一动，万物就要生长了。这是必然的结果啊，丞相见事怎么这么迟钝呢？"

李斯听后，连连摇头说："我听说晋国废了太子申生而立奚齐，结果弄得三代不安；齐国的齐桓公与公子纠争权夺位，互相厮杀，弄出了人命，殷纣王不听劝说杀了亲属比干，结果落得国破家亡！从以上的几个例子看，都是违背了天意的，也给老祖宗断了香火。我是一个正派人，怎能参与这种颠覆社稷的阴谋

呢？"

"上下一心，便可以长久。内外协力，事情就不分表里了。丞相您要是听了我的话，就可以永远封侯，世代称孤。今天您要是不按我为您设想的这条道路走，就要祸及子孙了，那该是多么令人寒心的事啊！会办事的人可因祸得福，丞相您到底怎么想呢？"赵高这一席软硬兼施的话很奏效，他使李斯想起自己入秦时的初衷："诟莫大于卑贱，而悲莫甚于穷困。"自己为之奋斗了一生的荣华富

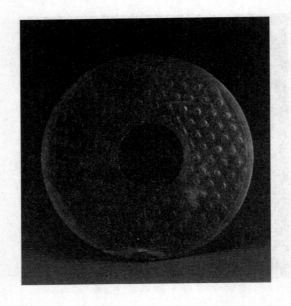

贵，很可能因为一时处理不当而化为乌有，他不禁长叹一声，流着泪说："我怎么单单碰上这个乱世，既不愿意以一死了结，我的命运又寄托在何处呢？"李斯此刻已心乱如麻，他太懂得失宠之臣是什么滋味了！而且，这也是他最害怕见到的。"万念私为首"，李斯当然也不例外。经过激烈的思想斗争，他终于向赵高妥协，仰天长叹一声，流下泪来："遭遇乱世，也只能以保身为重了！"赵高知道自己的计谋已经得逞，欣喜若狂，马上拿出诏书与李斯一起谋划如何篡改诏书的事情。最终他们假托秦始皇之命，立胡亥为太子；又另外炮制一份诏书送往上郡，以"不忠不孝"的罪名赐扶苏与蒙恬自裁。可怜李斯一世英明，在这件事情上却犯了一个致命的错误，最终导致了他的悲惨结局。

扶苏接到诏书后，如晴天霹雳，肝胆俱裂。他失声大哭，转身回到帐中就要拔剑自杀。蒙恬与秦始皇素日相交甚

厚，对这份意外的诏书产生了怀疑，劝阻道："陛下而今出巡在外，又没有立定太子，诸公子必定都虎视眈眈，暗含窥伺之心。他委任你我监军守边，足见信任之深。今天忽然派使者送来赐死命令，怎知不是有诈？不如提出恳请，弄清楚再死不迟。"那使者早就受了赵高胡亥等人的指使，只在一旁不断地催促。扶苏一向仁孝，哪里还去想是真是假，悲伤地说："君要臣死，父要子亡，还有什么好请求的呢？"言罢挥剑自杀。蒙恬不肯不明不

白地死，使者便将他囚禁在阳周（今陕
西子长县北），兵权移交给副将王离，又
安排李斯的亲信为护军，这才回去复命。
胡亥听说扶苏已死，心中大石落地，就
有释放蒙恬的念头。谁知此时正好遇上
蒙毅替秦始皇祭祀名山大川归来，赵高
本对他积怨已久，同时也担心日后蒙氏
重新掌握大权，不如索性一网打尽。于
是对胡亥进谗言："先帝早就想选贤立太
子，就是因为蒙毅屡次阻止才没有实行。
这种不忠惑主的人，不如杀之，永绝后

患。"胡亥信以为真，就派人把蒙毅拘留在代地（今河北蔚县东北）。

赵高见障碍已除，非常高兴。建议胡亥赶快回去继承皇位。由于天气炎热，秦始皇的尸体已开始腐烂，一阵阵恶臭从车中传出。为掩人耳目，赵高便命人买来大批咸鱼将臭味盖住，一行人浩浩荡荡终于回到了咸阳，这才正式向百官发布了秦始皇归天的消息，并宣读了遗诏，立胡亥为太子，主办丧事，然后登基。

李斯在宣读诏书时，态度沉着，语气肯定，群臣就没有怀疑，并把李斯看成是开国功臣中最有威望的老臣。太子胡亥称帝，是为秦二世，文武官员都各任其职，只有赵高升任为郎中令，成为胡亥最亲信的决策者，是主管朝廷内务的总首领，经常侍奉在宫中。

从此以后，这对昏君奸臣便在一起制造出了一幕又一幕令人发指的惨剧。貌似强大的秦王朝，也由此分崩离析。据《史记》其本纪，胡亥即位时21岁，这个"四体不勤，五谷不分"的公子，敢于发动政变，进而登上帝位，是"英明一世，糊涂一时"的秦始皇做梦都想不到的。曾经有一句谶言："亡秦者，胡也。"秦始皇就派将军蒙恬发兵30万人北击胡人，夺取了黄河以南之地，还派了惹自己生气的扶苏去监军。可他万万想不到，这个自己百般疼爱的胡亥才是帝国的掘墓人！

三、谋害忠臣，
取代李斯为相

野心是一把屠刀，一个野心不断膨胀的人，是会挥着屠刀向任何一个阻拦他达到狂妄目的的人砍去的。哪怕这个人本来无心去阻拦他，但只要他认为这个人是一个绊脚石，就不会放过。哪怕这个人曾是他的亲密伙伴，也不能幸免。赵高的野心随着他阴谋的得逞而不断膨胀。

如果说赵高拉拢胡亥、李斯，终于达到立胡亥为太子的目的，是用了战国

纵横家的本领，鼓如簧之舌而成功的话，那么，他达到了第一个目的后，便念念不忘法家的权术思想，即韩非说的："贤智未足以服众，而势位足以诎贤者也。"就是说，本事大与否，品德的好与坏，都没有什么了不起，重要的是要有权势，有地位。于是，他便在势与位的阶梯上，运用权术，步步紧逼。胡亥更是庸碌无为，虽然登上了皇帝的宝座，但是在政治上毫无建树，整天只顾着沉醉在狩猎、嬉戏、花天酒地的奢靡生活中，朝政之事完全听凭赵高摆布。赵高决定实施他的阴险策略的第二步——利用胡亥，消灭异己；孤立胡亥，窃取高位。他的基本策略是由远而近，由疏而亲；主要方法是挑拨离间；打着维护二世地位的旗号，屠杀与自己政见不合的官员。

让胡亥坐上皇帝的位置并不是赵高的最后目标。赵高忘不了蒙恬、蒙毅手握重兵，宗室大臣，窃有异议，这些都是实现阴谋的严重阻碍。蒙毅和哥哥蒙

恬是秦国赫赫有名的战将。蒙恬受命屯
戍边境，北逐匈奴，收复失地，监修了
长城、直道等重大工程，为秦朝立下卓
著功勋。蒙毅则是秦始皇重要的"高参"，
他官至上卿，常在宫中参与决策，很得
秦始皇信任。秦始皇最后一次出巡他也
随行，但在秦始皇生病前受命去祈祷山
川未返，没能及时发现、戳穿赵高等人
的阴谋。但他与哥哥蒙恬一样，一直怀
疑"遗诏"有问题。当务之急就是除掉

这两个重量级的人物。

一天，胡亥向赵高感叹："朕既然已君临天下，如果能在有生之年享尽人间欢乐，实现自己所有的心愿，那该是多么惬意啊！"赵高听罢乘机阴险地向胡亥挑拨说："皇帝您现在还不能安心地享乐，蒙氏兄弟早对先皇遗诏的事情起了疑心，都觉得其中有蹊跷。现在蒙毅还在老臣里串通，有不轨之心。"糊涂的二世信以为真，恼羞成怒，竟下令将蒙毅

立即斩首。蒙恬受到株连，赐死。

赵高派使者去阳周，他怕直接宣布"赐死"的旨意，地方官员会伙同蒙恬谋反，就想用计将他毒死。蒙恬自从上次抗旨不曾自杀以后，就已经看透了赵高的阴谋。他对使者说："你不用瞒我，带来的毒酒我自己会喝，你把圣旨拿出来吧。"使者见蒙恬都已知道，就拿出圣旨和毒酒，蒙恬放声大笑，笑声中含着几分凄惨，然后痛心地说："我蒙家三代忠良，为大秦立下了汗马功劳，也受到皇帝重恩。现在我虽然被押在大牢，但我的部下还忠于我，我仍然能调动我的30万大军。为了不辜负祖上的忠烈，为了能对得起先帝，只有一死报效！"说罢又狂笑几声，大口喝下毒酒而死。

杀死了蒙家兄弟，只是除去了登上高位的第一个障碍，赵高残忍和阴毒的野心行动还在继续。赵高继续挑拨皇帝来对付始皇族的宗室和故臣。赵高向胡

亥建议说："陛下想过着享乐的生活，现在还不行，咱们在沙丘所做的事情，很多公子和一些大臣都有疑心。那些公子全都是你的哥哥，众大臣又都是先帝所重用的。您刚刚当上皇帝，您的那些哥哥都不大服气，有些大臣也还怏怏不乐，臣每每想到这些，就战战兢兢，恐有不测。如不及早想办法，心腹大患不除，怎么能安心玩乐享受一辈子呢？"秦二世胡亥听后十分害怕，连连点头称是，急急地问："卿有何高见，但说无妨。"赵高

假装思考，然后慢条斯理地说："现在得马上把律法重新修订一下，再严酷一些。对心怀不满的大臣及诸公子逐一打击，把先帝的那些大臣都想办法治个罪，让他们互相连坐，该杀的杀，该灭族的灭族，就像对待蒙氏兄弟一样。再把不服气的各位公子牵连进去，想法杀掉。这样就再也没人能夺您的皇位，再也没有人敢不服了。然后再把您所有的亲信都提拔上来，让穷的变成富的，让低贱的变成高贵的，这些人不就都会感念您的

恩德而尽力效忠于您吗？这样，作为一国之尊，就可以高枕无忧，放心地玩乐享受了。"胡亥对赵高早已深信不疑，听后心花怒放，拍手赞道："好！真是绝妙的主意！修订律法的事就由你去主办吧。"一时间，咸阳城内腥风血雨，神号鬼哭，惨无人道的屠杀拉开了序幕。结果，公子十二人僇死咸阳市，十公主磔死于杜邮（今陕西咸阳市东），相连坐者不可胜数。公子高见众手足都死于非命，知道赵高不会放过自己，想逃亡，又怕连累亲族，遂提出为父皇殉葬的要求。另外，公子将闾昆弟三人，被囚在内宫中，赐死前皆痛哭流涕，仰天大呼三声："天，吾无罪！"遂拔剑自杀。赵高就向胡亥报告说："现在众人整天提心吊胆，自顾不暇，已经毫无犯上作乱之心。"胡亥大悦，对他深表赞赏。接着，赵高又排挤掉不少敢于直言进谏的官员，安插了大批亲信。他的兄弟赵成，封为中车府令；女婿阎乐，当上了咸阳县令。

从此以后，胡亥更是不理朝政，开始追求起穷奢极欲的生活来。为了显示皇帝的威仪，即位第一年（公元前209年）的春天，他就仿效秦始皇的排场沿着东线出巡。在赵高的帮助和安排下，胡亥的路线东至碣石海边，南到会稽山，一行人浩浩荡荡，一路上他指令赵高，加紧修筑长城，增加阿房宫的徭役，扩建秦始皇陵墓，把全国的财力、物力、人

力主要用于这三大工程建设，并且征召五万名精壮之士屯卫咸阳，并收集天下奇花异草、珍禽奇兽供自己玩乐，以至于"咸阳三百里内不得食其谷"。

沉重的赋税，不断的劳役，秦朝已是危机四伏，自秦始皇以来的暴政到了胡亥时更加变本加厉。"税民深者为明吏，杀人众者为忠臣。"沉重的徭役赋税和残酷的苛政刑法，贫苦百姓再也不能忍受，苦不堪言。各种复杂的矛盾交织在一起，终于点燃了反秦起义的熊熊烈火，各地纷纷揭竿而起。最早领导大规模农民起义的是陈胜、吴广，接着，旧六国贵族也都纷纷起兵响应，天下大乱。秦王朝陷入重重困境之中。

丞相李斯随二世出巡，他力谏二世实行仁政。他在与右丞相冯去疾，将军冯劫联合上书时说道："请陛下停止阿房宫建造，减省赋敛徭役，让百姓安居乐业，休养生息吧。"二世看罢，怒火冲天，

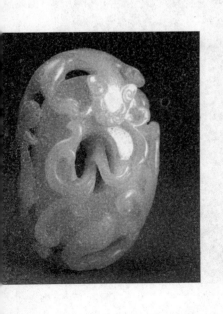

大声斥责道："这些都是先帝开创的功业，必须继续从事！如今我才即位两年，就出现了那么多的盗贼反叛，是你们这些人未能加以有效的制止所致，现在你们反来劝我停止从先帝时就已经开始的工程，你们身为两朝重臣，上无以报先帝，次不为朕尽忠，还有何资格占着丞相、将军的位子！我要你们这些人有什么用呢？"当即下令治他们的罪。冯去疾、冯劫非常痛心，为了不受羞辱，不久便在狱中含恨自杀。

李斯因此心中恐惧，为得到秦二世胡亥的信任，提出一套"督责之术"。李斯在上书中说：贤主若能行"督责之术"，群臣不敢不全心全意为君王服务；不能行"督责之术"的君王，如尧、舜等比百姓还辛劳，简直是受罪。什么是"督责之术"呢？实际上就是严刑酷法和君王的独断专行。李斯说："彼唯明主为能深督轻罪，夫罪轻且督深，而况有重罪

乎？故民不敢犯也。"就是对臣下和百姓实行"轻罪重罚"，使人人不敢轻举妄动。君主对臣下要实行独断专行，要驾驭群臣，不能受臣下的影响。李斯认为，只有这样的君主才能随心所欲，为所欲为。实行"督责之术"，群臣百姓也就不敢造反了，君王的地位才能牢固。李斯关于"督责之术"的主张，既有取宠于秦二世的一面，也有他继承法家思想的一面。在上书中，他也是一再引申不害、韩非的话，来证实自己的看法。只不过，李斯讲得更加露骨而已。糊涂可笑的秦二世，不顾天下百姓的反抗，采纳了李斯的"督责之术"。此后，杀人多者为"忠臣"，残忍者为"明吏"，弄得天下怨声载道。在矛盾日益激化的情况下，无疑是对秦朝政局的雪上加霜。

为了堵塞群议，防止二世与其他人接触，进一步把他控制于股掌间，赵高又假惺惺地向胡亥建议说："先帝统治天下的时间很长，所以群臣不敢胡作非为，谏奏邪说。现在陛下您还年轻，且刚刚即位，在朝廷中当场处理政务很难，难免会发生错误，这样在群臣面前就暴露了您的弱点。天子之所以尊贵，就在于要随时保持自己的威仪，使人只闻其声，不见其形。其实，只要让臣下能听到您的指示就可以了，不必常常临朝和臣下见面，由微臣等人一旁辅佐。这样天下人就会称颂您为圣主！"昏庸无知的胡亥原本就不想打理朝政，听完赵高的建议后更是把朝野大事交给赵高代理，从此不再上朝，一味寻欢作乐，决断之权全部落到了赵高的手中。从此，赵高成为朝廷上发号施令的无冕"皇帝"。

随着权力的扩大，赵高的野心也不断地膨胀。他不再满足于只做一名郎中令，他的欲望就是坐上一人之下、万人之上的丞相之位，而阻碍赵高得到这个位置的只有一人，那就是李斯，这个在沙

丘之谋中的合作者，因此，除掉李斯在他的夺权行程中显得日益迫切。

赵高知道，李斯也不是无能之辈。于是他设计了一个牢笼，让李斯去钻。当时声势浩大的农民起义对秦王朝的威胁日甚一日。二世胡亥耽于声乐，在后宫花天酒地，昏聩度日。李斯面对危局，心急如焚，屡次想进见二世，二世只是不许。赵高见此情形，假意问李斯："现在关东反叛的盗贼如此嚣张，但皇上仍然声色犬马，毫不关心。我本想劝阻一番，无奈位卑言微。丞相乃先帝重臣，说话有分量，为何不进谏呢？"李斯苦笑摇头："我何尝没有想过。只是现在陛下常居深宫，很难见到，我找不到机会啊。"赵高见李斯已上钩，心下窃喜，表面却不动声色："只要丞相肯进言，卑职一定留心，瞅到皇上有空闲，立即来禀报。"李斯听完这些话，好生感动，他想，虽然赵高有时候办事奸诈，但还是能把我这个丞

相放在眼里，关键时刻还想到找我商量事情。殊不知自己正一步一步迈向赵高为他挖好的坟墓。

赵高在宫中侍奉二世，深知胡亥已沉湎于酒色而不能自拔，当然就十分反感别人在他玩兴正浓的时候来打扰。于是，每当看到胡亥歌舞狂欢，与众姬妾厮混得正在兴头上时，赵高就派人通知李斯："皇上正闲着，可以奏事。"李斯赶忙去求见，一连几次，让二世非常扫兴，二世非常恼怒，生气地对赵高说："李斯这老贼，竟敢拿朕寻开心！平时我闲着的时候，他不来求见，只要我一玩到高兴，宴饮正酣之时就过来再三扫我兴致。难道是看朕年轻，瞧不起朕吗？"

赵高见二世真的生了气，就对他说："这样下去，将会是很危险的啊！"二世不解，赵高解释说："沙丘之谋，丞相也是参与者。现在，陛下做了皇帝，他却没捞到多少好处，必定怀恨在心。大概

他是想让陛下实行分封，立他为王呢！"

二世听后，吃了一惊。赵高见胡亥的脸色有变，于是压低了嗓门接着说："另外，还有一事，陛下如果不提起来，臣还不敢直言相告。"胡亥见他欲言又止，立时引起了警惕，厉声问："莫非又与李斯有关？"赵高拜了两拜说："丞相的长子李由现任三川郡守，造反闹事的贼子陈胜等人与丞相本是同乡。正是因为这层关系，所以盗贼们经过三川的时候，李由也不组织攻击，致使事端越闹越大。臣还听说李由与陈贼有过书信往来，由于还没有得到真凭实据，才不敢贸然奏知圣上。"二世由吃惊转为气愤。赵高见自己的话奏了效，又加上了一句："丞相之所以敢轻视陛下，就因为他是前朝老臣，立过大功。现在又大权在握，掌管的事比您还多，您不能不早做打算呀！"这时的二世已满腔愤怒。他觉得赵高所说句句在理。于是立即派人去三川查明李由串通盗匪的事。李斯听说此事，才恍悟自己中了赵高的圈套。又气又怕，马上写了一封揭发赵高丑恶行为的信给二世，说赵高擅权专宠，家资巨万，积蓄力量，"有邪佚之志，危反之行"，提醒二世当心。然而此时的胡亥，早就被赵高完全迷惑，视其为股肱心腹，尽忠贤臣。他将李斯的申诉书交给赵高过目，嘱其小心。赵高佯作悲伤，凄凄惨惨地说："丞相父子谋逆之心已久，所要的就是臣一个人的命。臣死不足惜，只是担心陛下的安危。"这几句"赤胆忠心"之言，使胡亥大为感动。他安慰赵高道："爱卿不必挂心，有朕在，谁敢动你。"自此赵高更加肆无忌惮。

二世把李斯召来，反驳他说："赵高虽然是一个宦官，但他不因为自己处境安逸而为所欲为，也不因为处境危险而改变对我的忠心。他品行廉洁，善于自我约束，终于取得了今天这样的位置。他完全是凭着自己的忠诚被提升，凭着信义保住了自己的职位。他是一个贤明的人，您为什么偏偏要攻击他呢？先帝死的时候我还很年轻，见识少而又不懂如何治理百姓，而您偏又年纪大了。如果没有赵高，恐怕我就不能统治天下，我不把国家大事交给赵高，又有谁能承担此重任呢？况且赵高为人精明强干，又能体察民情，顺从我的意志，你不必再说他坏话了。"

赵高受胡亥之命审讯李斯父子谋反的案件，包藏祸心的他马上露出了魔王般的本性。他先把李斯及家人抓入狱中，接着李斯的宗族、门客，凡和李斯有关的人统统收捕归案，然后用重刑逼供所谓李斯父子谋反的事。这时，赵高派到三川调查李由罪名的人回来报告说，李由因抵抗起义军，已被项梁的起义军所杀。赵高听后十分高兴，就编造了李由如何通连反叛，被使者就地正法的罪名。

在狱中李斯天天被严刑逼供，直打得他皮开肉绽，体无完肤。昔日堂堂的秦国开国功臣被折磨得死去活来，但很长一段时间，李斯都坚持不认罪，他觉得自己心中无愧，自思有雄辩之才，又是秦王朝的有功之臣，而且，自己也的确没有谋反，说不定二世有一天会赦免他。然而日复一日的刑讯之苦，李斯实在是挺不过去了，勉勉强强承认了谋反罪，并在供词上画了押。

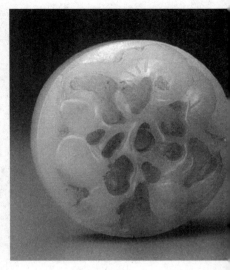

等他清醒过来后，后悔自己做的假供，就幻想着能以自己的文才、功绩来感动二世，于是在狱中写了洋洋洒洒的自辩词上诉。天真的李斯哪里知道，进谏之路已完全为赵高一党把持，申诉书全落入了赵高手中。恣意妄为的赵高轻蔑地将书撕个粉碎："囚犯还有资格上书！"于是不仅将李斯写的上诉书一律没收，还加大了对李斯的酷刑。但是发生此事之后，赵高害怕二世真的暗中派人到狱中核实李斯谋反的事，就安排手下人打着二世的旗号问询李斯谋反是不是事实。李斯认为是上诉书起了作用，就如实地哭诉自己被害的经过，但结果却被打得遍体鳞伤。如此这般几十遍的轮番提审下来，只要李斯以实情相对，则施行拷打，直到李斯坚持假供不再改口为止。来人一问他，他就熟练地说："谋反是实，臣罪当诛，供词所说都是实情。"后来，二世真的派人去狱中核实情况，李斯以为还是和以前一样，就把"谋反是实"的话背了一遍。胡亥看到口供后，以为李斯真想谋反，对赵高感恩戴德地说："如果不是爱卿，朕几乎被丞相出卖了！"

秦二世二年（公元前 208 年）七月，经过一系列精心策划，李斯的罪名终于被赵高罗织而成，再也无法改变了。押赴腰斩刑场的李斯，悔恨交加却为时晚矣。当年沙丘之谋，他如果不贪求一己私利，又何至于落得今日的下场呢？胡

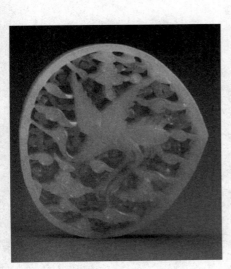

亥的昏庸，赵高的阴毒，都是他始料不及的。这位功过参半的丞相，临死前悲叹道："今反者已有天下之半矣，而心尚未寤也，而以赵高为佐，吾必见寇至咸阳，麋鹿游于朝也。"

咸阳城内，李斯以谋反罪执行腰斩。这位曾经功绩显赫的政治家，就这样结束了生命。他为秦始皇的统一大业作过不少贡献，有过巨大建树，又是一位有才气的文学家、书法家，却因为晚年私心太重，被赵高挑拨而合谋了沙丘政变。因随波逐流，而湮没在自己追逐的浪涛之中。司马迁在《史记》中评论他"持利禄之重，阿顺苟合"。

李斯一死，秦王朝的大权便落在了赵高一人手中。

四、指鹿为马，
颠倒是非黑白

　　李斯死后，赵高登上了自己梦寐以求的位置，名正言顺地当上了丞相，一切军政大事都由他决断，几乎成了太上皇。这时的秦王朝，早已经没有了始皇初期的辉煌与气魄，农民起义军燃起的烽火使它摇摇欲坠，朝不保夕。赵高早就不把胡亥放在眼中了。他以为秦王朝的气数已尽，而自己正处于篡权的最佳位置，就蠢蠢欲动，开始谋划怎样使秦国的江山改姓。可朝中大臣有多少人能听他摆布，有多少人反对他，他心中没底。于是，他想了一个办法，准备试一试自己的威信，同时也可以摸清敢于反对他的人。

他先来到二世的寝宫，把各地起义、反秦的情况煽风点火般向二世做一番汇报，又说朝廷上有一半大臣都不来殿上议事，让他这个丞相无法宣旨发布命令。二世着急地说："情况既是这样，该怎么办呢？""如果陛下上朝言事，亲自理政，也许要好办一点。"二世说："这好说，明日我就早朝。"

　　第二天早朝的时候，赵高就上演了一幕"指鹿为马"的闹剧。早朝时，赵高牵着一头鹿出现了，朝臣们都感到奇怪，议论纷纷。等二世胡亥驾到，赵高满脸堆笑地对秦二世说："皇上，这是一匹上好的宝马，今天特意送给您。"二世一看，心想：这哪里是马，这分明是一只鹿嘛！便指着鹿笑着对赵高说："丞相搞错了，这是一头鹿，你怎么说是一匹马呢？"赵高面不改色心不跳地说："请陛下看清楚，这的确是一匹千里马。"秦二世又看了看那只鹿，将信将疑地说："马的头上怎么会长角呢？"赵高一转身，用手指着众大臣，大声说："陛下如果不信我的话，可以问问众位大臣。"

　　二世环顾左右大臣，让他们发表意见。众大臣面面相觑，都被赵高的一派胡言搞得不知所措，私下里嘀咕：这个赵高搞什么名堂？是鹿是马这不是明摆着吗！当看到赵高脸上露出阴险的笑容，

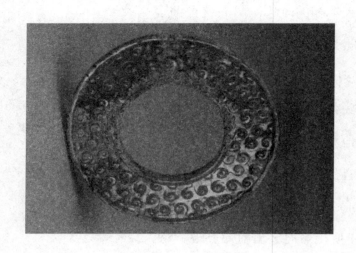

两只眼睛骨碌碌地盯着每个人的时候，大臣们明白了他的用意。一些胆小又有正义感的人都低下头，不敢说话，因为说假话，对不起自己的良心，说真话又怕日后被赵高所害。有些正直的人，坚持认为是鹿而不是马。有乖巧的人，站出来说："这是一匹马。"说完看看赵高，赵高现出满意的神情。"这确实是一匹千里马！"又有几个人站出来附和。其余的人都沉默着。

二世对自己的判断产生了怀疑，他要求上朝的所有人都说话，但其中只有一两个人说"这是一头鹿"。二世以为自己有病，才误把马看成是鹿，于是把宫中掌管占卜推算的太卜找来，令他为自己占一卦。太卜受赵高的指使，煞有介事地说："陛下在春天祭祀天地、尊奉宗庙鬼神，斋戒不认真，没有严格地恪守禁忌，以致今天鹿马不分。现在您必须按照至圣大德的做法，严肃认真地行斋戒之礼。"胡亥听信了太卜的话，便在赵高的安排下，去上林苑中进行斋戒。

事后，赵高通过各种手段把那些不顺从自己，在那天早朝指出真相的正直大臣全部治罪，直至满门抄斩，这就是历史上触目惊心的"指鹿为马"事件。

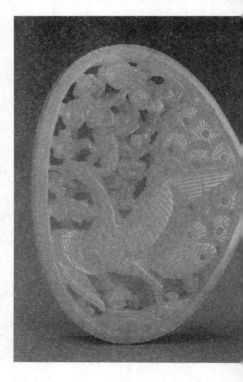

那么，赵高为什么要导演这场"指鹿为马"的丑剧呢？这是有其险恶用心的。赵高考虑到，虽然自己铲除了一批朝中重臣，但不能保证人人都服从自己。借此正好检验一下人心向背，进一步清除异己分子，巩固自己的势力，为篡位

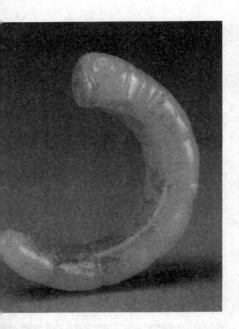

扫清道路；此外，他还可以从中了解到胡亥对自己的信任程度，以便伺机而动。果然，这件事以后，朝中上下莫不噤声，都看赵高的眼色行事，任其为所欲为。

二世在上林苑中，名为斋戒，实际上天天打猎游戏。有一天，他挽弓搭箭将一误入苑中的路人射死。赵高听说此事后，就让二世专心养息、只当没有发生这样的事。可二世心里很别扭，天天闷闷不乐。有个晚上竟然做了一个噩梦，梦见自己在朦朦胧胧中骑马射猎，突然从丛林里跳出一只老虎把他的马咬死。他大吃一惊就醒了。第二天，他命人去找太卜给他占梦算卦。过了很长时间，太卜没有来，赵高却来到了他面前，以关心的口吻问道："听说陛下做了一个梦，要找解梦的人，我把他们拦住了。您想想，现在到处都有起义军，要是让占卜的人知道您现在精神不好，把这消息传给起义军，他们趁机打进来就什么都完了。"

二世一听，如梦初醒，对赵高说："我真是糊涂，多亏了丞相您的提醒。"赵高连忙说："皇上，我分析您做梦的原因，是无缘无故地杀死了一个无辜的人，这是您内心所不能接受的，也是上天所不能允许的。如果这样，鬼神就不会接受祭供，上天又会降下灾祸。现在您只有离开皇宫，这样才可以避灾免祸。"胡亥继续听从赵高的建议，独自跑到城外八里地的望夷宫中避灾去了。

五、二次政变，
赵高不得善终

此刻的咸阳城外，已到处卷起了反秦风暴，起义军声势日益壮大。陈胜、吴广起义失败后，项羽、刘邦领导的反秦义军以更加迅猛的势头继续战斗。秦二世三年巨鹿（今河北平乡县西南）一役中，秦军主力被项羽打得落花流水，精锐尽失，大将王离被擒。百姓纷纷起义，直向咸阳城冲杀而来，进攻的声势势如破竹。不久，在沛县起兵的刘邦杀入边关，直逼函谷关。章邯求助不成，又恐打败

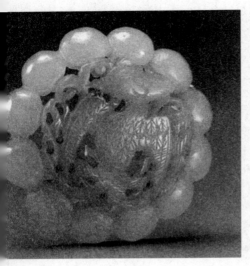

仗朝廷降罪，于是率 12 万大军投降。六国旧贵族见机纷纷自立为王，并力西进。章邯的倒戈，给了摇摇欲坠的秦王朝一个沉重的打击。

被赵高"搬"到城外望夷宫的胡亥知道了战况后，寝食难安，日日斋戒于望夷宫，惶惶不可终日。他派使者质问赵高："丞相不是总说关东盗贼不能成气候吗，今日怎么会到了这种地步！"赵高听了大惊失色，知道二世对自己产生了怀疑与不满，若不尽早下手，只怕日后夜长梦多。赵高找来兄弟郎中令赵成和女婿咸阳令阎乐，商议如何先发制人，发动政变，废黜胡亥。赵高负责指挥全局，郎中令赵成因可以自由出入宫廷，被选为内应，阎乐作为主攻手。

一切安排妥当后，赵成便在宫内散布谣言，假装说有盗贼，命令阎乐发兵追击，致使宫内防守空虚。同时，阎乐指使部分亲兵，化装成农民军，将自己的母亲劫持起来，暗中送到赵高家中，一边又率千余人以追贼为名直逼望夷宫而来。他们冲到宫门前，大声向守门官吼道："强盗进了宫门，你们为何不抵挡？"守门官莫名其妙，问："宫内外禁卫森严，怎么会有贼人进宫呢？"阎乐不容分辩，手起刀落，杀死了守门官，冲进了望夷宫。逢人便砍，见人放箭。一时宫中血肉横飞，惨不忍睹。内卫军大惊失色，有的逃跑，有的拼死抵抗。不一会儿，顽强抵抗的

内卫兵全部战死，阎乐等人闯进内室。

二世听见院子里厮杀的声音，早已吓得魂飞魄散。这时，一支流矢从窗子外飞进来，把他身后的床帷帐射落。胡亥见状吓得目瞪口呆，全身瘫软，直到赵成与阎乐走进来，才明白是怎么一回事。胡亥又惊又怒，急召左右护驾，怎料侍从们早已溜之大吉，只有一个宦者站在身边。他揪住宦者的衣衫，歇斯底里大叫："你怎么不早告诉我呢，现在弄成这样，我该怎么办！"宦者鼓起勇气道：

"正因为奴才平时不敢说话，才能活到今
天。否则，早就被皇上赐死了。"二世就
像一个泄了气的皮球，垂头丧气。今日
的局面，的确是他咎由自取。

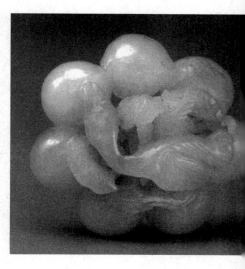

　　阎乐冲到胡亥面前，胡亥一边后退
一边颤声道："朕乃真龙天子，你敢弑
君！"阎乐气势汹汹："你这个骄横无道
的暴君，搜刮民膏，残害无辜，天下人
人得而诛之。你还有什么可说的？"胡
亥还欲做垂死挣扎，还指望赵高能够救
他，胆战心惊地问："我可以见一见丞相
吗？"阎乐一口拒绝："不行！"胡亥仍
不死心，哭丧着脸哀求："那么，可以给
我一个郡王当吗？万户侯也行。"阎乐摇
摇头。胡亥绝望地叫道："只要保全性命，
我情愿做一名百姓，这总行了吧！"阎
乐不耐烦地说："我们正是奉丞相的命令
来找你，为天下铲除暴君，你说得再多
也没用，快快自裁吧！"此时的胡亥，才
了解到这场宫廷政变的幕后指使人竟然

是他无比尊重和信赖的赵高，才发现自己多年来养在身边的居然是一只恶虎！他痛心疾首，悔怨交加，却已无可奈何，只得最后再眷恋地环顾了一下巍峨的宫殿，回想了一下昔日奢靡安逸的生活，咬咬牙，拔出长剑，结束了他可怜又可恨的一生。

阎乐回到咸阳把秦二世胡亥已死的消息报告给赵高。赵高听后欣喜若狂，立即拿出他收存了多日的秦二世的印玺，佩戴在自己的身上，准备登基篡位。而此时秦二世胡亥的尸首还横陈在望夷宫，赵高将他当成普通百姓，草草棺殓，胡乱掩埋在杜南宜春宫中。胡亥穷奢极欲，企图永享天下，结果却死于非命，身首异处，这正是他胡作非为，信用权奸的结果。

赵高披挂整齐，取来一面铜镜仔细地端详着自己，越看越觉得自己有皇帝的模样，高兴得手舞足蹈。但是，他

万万没有想到，皇宫中从太监到百官只是冷冷地看着他，不言不语，宫廷中沉静极了。赵高既然穿戴了皇帝的行头，骑虎难下，便只有做皇帝了，再说他多年的心愿就是能登上权力的最高峰。今天机会来了，虽然百官以沉默来反对，赵高也顾不了那么多，他只是想着谁坚持到底，谁就是胜利者，他要和群臣比试一下耐力。可是宫廷中发生了奇怪的一幕：

赵高穿戴着皇帝的礼服，佩着皇帝

的玉玺，登上了殿堂，刚坐上皇帝的宝座，就发现宫殿剧烈震动，好像马上就要塌下来一样，吓得赵高赶忙退下殿堂。赵高不死心，又一连试了两次，但是每次都有同样的感觉。赵高这时才知道当皇帝的美梦要破灭了，因为不仅百官不同意，群臣不服从，而且宫殿都要坍塌，这是老天爷也不同意啊！人算不如天算，赵高在这样的困境面前退缩了。当着百官的面，赵高脱下了皇帝的礼服，解下了皇帝的玉玺。

　　可是用谁来当皇帝呢？秦二世的兄弟们都被杀戮殆尽了，找不到合意的继承人。只剩下与始皇有血脉关系的子婴可以作为继位称帝的人选。但是，子婴颇有仁俭的美名，老百姓也拥戴他，而且以前也多次出面劝谏秦二世胡亥，是颇有头脑的人物，不容易对付。怎么办呢，天下不可一日无主，事到如今，只有硬着头皮拥立子婴了。想到这儿，赵高心情颇为沮丧，甚至有些后怕。然而，转念一想，自己已经控制了朝政大权，子婴身单势薄，即使当了皇帝，也无能为力。事已至此，先拥立子婴再说吧。

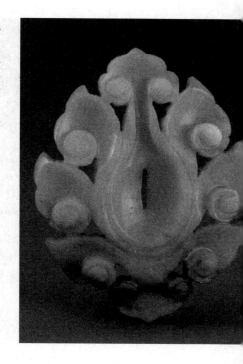

　　于是，赵高召集了一班朝臣及宗室公子，通报二世自刎的情况，尽力推卸了自己的责任。之后，他问群臣："现在形势很危急，天下反秦势力已攻近咸阳，该怎么办呢？"大臣已经惯于听从赵高的颐指气使，在紧要关头，哪有什么主意呢！因此，齐声说："愿意听从丞相的

安排。"

赵高稳定了一下自己的情绪、提高了声音说道："秦朝本来就是西方的一个小王国，始皇即位后，东征西讨，连年用兵，吞并了六国，统一了天下，所以自称为始皇帝。但是，被消灭的六国并不甘心，现在纷纷起兵造反、形成了割据的局面，原先的六国纷纷恢复了故有国土，脱离秦朝自立。因此，国不可一日无主，我决定拥立子婴为秦王。"计议已定，赵高便布置人手准备拥立子婴为王。同时派人通报子婴，作好登基的准备。

　　子婴早在当公子期间，就已耳闻目睹了赵高的种种罪行。现在被赵高推上王位，在斋戒的几天内心情十分沉重，他知道自己不过是一个傀儡而已，自己身边的亲人就是被赵高设计害死的，大将蒙恬、上卿蒙毅，还有众多公子、公主，都是被赵高害死的。子婴不愿再重蹈胡亥的覆辙，便与自己的贴身太监韩谈和儿子们商定了斩除赵高的计划。

赵高本要子婴斋戒五日后正式即王位。等到期限到了，应该是入宗庙告祖的时候了，子婴却始终没有露面。赵高等人等了很长时间迟迟未见到子婴的身影，赵高便派人来请子婴接受王印，入庙告祖正式登基。可子婴推说有病，无法举行告祖仪式，不肯前往。使者回来禀告，赵高听后十分气恼，却无可奈何，只得亲自去请。赵高刚一踏进子婴的房间，太监韩谈和子婴的儿子们冲上前扑倒赵高，太监韩谈眼疾手快，一刀就将他砍死了。

杀死赵高后，子婴来到宗庙举行了告祖仪式，正式即位为王。随即召群臣进宫，历数了赵高的罪孽，并逮捕了赵高的三族（父族、母族、妻族），全部处死。

子婴即位为秦王后，只坐了46天的宝座，沛公刘邦即率军攻入咸阳，群臣百官都只顾自己逃命，无人去关注这位末代秦王。子婴成了真正的孤家寡人，没有其他办法，只好率领妻儿以丝带捆在脖颈上，投降刘邦。刘邦将他交由官吏守护，自己退军郊外。不久，西楚霸王项羽攻入咸阳，将子婴及其妻儿全部杀死。秦王朝的统治自此结束了。

赵高的一生，虽有精通律法的才学，但他道德沦丧、邪恶嚣张、指鹿为马、残害忠良、屠戮宗室、辱弄群臣，最终落得三族、党羽尽诛的下场。

六、盖棺定论，
客观评价赵高

秦之速亡，与赵高的关系极密切。《盐铁论》中说："秦使赵高执辔而覆其车。"柳宗元也说："胡亥任赵高而族李斯，乃灭。"这种看法有一定的道理。赵高不仅是沙丘政变的主谋，而且二世当政之时的一切胡作非为，大多是出于赵高之教唆。因此对赵高的评价自汉以降的大多数论者均持否定态度，有人更对他恨之入骨，认为他是导致秦朝迅速灭亡的元凶，将其比作"蛆"，咒其"可胜诛哉"。

但亦有少数人以高本赵国公子，认为他之祸乱秦政，盖出于"报赵"之目的。清人沙张白甚至编造了一个秦朝逸民的故事，讲王莽时期的一位周生，游终南山，遇秦灭六国时幸免于难的二老者，谈及秦事，得知秦由赵高致灭，称赵为"贤者"。"亡秦而报赵"说，属后人推断，作为史料，不可为凭。

从维护封建统治阶级利益的正统观念出发来看待赵高，他无疑是一个祸国殃民的大奸臣，是一个大逆不道的乱臣贼子，是一个嗜血如命的杀人狂，是一个擅长阴谋权术的野心家，是一个卑鄙无耻的下贱小人。然而让我们换一个角度来看，情况就不大一样了。不过前提是：秦本身该不该灭。关于这个问题，恐怕史家都会认为秦至始皇晚期，刑罚过度，劳役过度，赋税过度，工程过度，纵欲过度，自当灭。此时的秦王朝早已成了一个潜在的"过渡"王朝。那么，如何

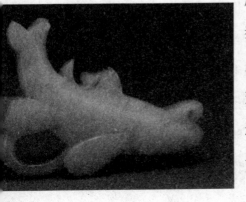

来打击和推翻秦王朝呢？有人诅咒"今年祖龙死"；有人买刺客行刺；有人在振臂一呼，号召百姓起义；有人招兵买马，企图武装反秦。总之各路英雄根据自身的处境采取了不同的反秦策略，赵高只不过是站在了推动秦朝灭亡的风头浪尖上。我们客观地看待赵高的所作所为，赵高的许多罪恶无疑加速了王朝的灭亡，但我们如果用历史的、阶级分析的方法，去分析当时社会的主要矛盾和矛盾激化的历史现状，就不难看出，赵高亡秦之过比不上当时的社会矛盾激化导致的秦灭亡的客观原因。

众所周知，秦王朝是被秦末农民大起义推翻的。它是从战国开始直至秦统一后这二百多年之间，随着封建社会的确立和发展，封建社会的主要阶级矛盾经过长期酝酿、日益激化，发展成外部对抗形式，即农民阶级采取武装起义的形式导致的必然结果。

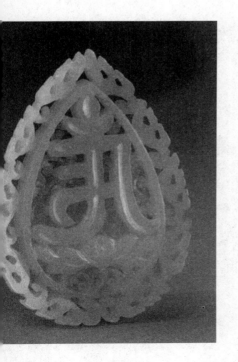

秦国原来是一个比较落后的国家，"诸侯鄙秦"，被摈弃于中原诸国会盟之外，它所以能够在短时间内完成兼并六国的事业，正是由于通过商鞅变法后以强有力的手段，推行了封建制度。但是，封建制的产生和形成过程也就是封建社会矛盾的发展过程。首先表现在封建经济制度的基础——封建土地所有制扩大了。"废井田，开阡陌，民得买卖"，是对地主所有制的确认。虽然也会包括对农民小块土地私有制的确认，但在"民得买卖"的条件下，挟有雄厚政治和经济力量的贵族、官僚、地主、商人、高利贷者则可恣意地占有和兼并土地，而有着一小块土地的自耕农民则在沉重的租税、赋税和高利贷的侵袭下，失去了自己的土地。事实上地主土地所有制从各国变法到秦的统一的一百多年中，已经发展到"富者田连阡陌"的地界。他们除压榨少数的奴隶外，还剥削大量的依附农民，农民百分之五十以上的收成被地主豪强所攫占，"或耕豪民之田，见税什伍"。《汉书·食货志》所说的"邑有人君之尊，里有公侯之富"的局面也就是在这样的基础上出现了。

秦国以商鞅的军功定爵位，实际上是培植军功地主的势力。名曰"能得敌爵首一者，赏爵一级，益田一顷，益宅九亩"（《商君书·境内》）。但受赏者与土地的关系却有两种，即将领的赏田可以传给子孙，如王翦将兵伐楚，向秦王嬴政"请美田宅园甚多……为了孙业"（《史记·王翦列传》），而士卒的赏田却不能遗传，"身死田夺"，所以军队中的上层通过立功受赏"美宅良田甚多"，相反大多数农民则因兵役、杂徭频繁而日益破产，并向依附农民转化。军功地主可以多缴粟帛免除徭役负担，而农民却在因缴不起租债、走投无路的情况下陷入高利贷者的罗网中，沦为"佣耕"，甚

至沦为奴婢，为军功地主出卖劳动力，使军功地主的经济力量逐步膨胀起来。尤其是繁重的徭役，更大大加速了社会两极分化和阶级矛盾的日益激化。如韩非子所说的"徭役多则民苦，民苦则权势起，权势起而复除重，复除重则贵人富，苦民以富贵人，起势以借人臣，非天下长利也"。韩非子是基于中央集权的封建国家利益而提出问题，但敏锐地觉察到"徭役多"加速了农民的贫困化和"权势"地主豪强的恶性膨胀，激化了农民与地主之间的阶级矛盾，不利于封建国家的长远利益。

总之，在秦统一前封建制度的一百多年的发展过程中，它的内在矛盾已逐步表面化。主要表现为在封建土地的兼并和封建国家赋役及军功地主势力的压榨下，农民日益失去土地，日益转化为封建的依附农民。秦之暴政无论对六国的宗亲、豪贵，还是对下层民众而言，都不可能心悦诚服。秦始皇屡屡出巡，就含有对六国地区威服震慑之意。秦之得天下以暴，治天下仍以暴，故其灭也速。从汉迄今的论者几乎都看到了这点。但其对六国的政策之失，还可稍作具体分析。

秦灭六国，建立了封建专制主义集权的国家，加强了地主阶级对农民的统治，而这个政权恰是建立在战国以来农民阶级与地主阶级之间的矛盾日益尖锐基础上的，这样就使农民与地主两大对抗阶级的矛盾在全国范围内展开了。秦始皇并不是无视这些矛盾，他除加强中央集团统治机构外，还相应采取了一些措施，如为了加强其统治力量，重新修订严刑峻法，实行了普遍的征兵制，整顿和加强军队；为了防止农民起义反抗而"收天下之兵聚以咸阳"；为了加强中央集权的社会基础，下令"黔首自实田"，在全国范围内从法律上肯定封建土地所

有制，以取得地主阶级对秦王朝的支持。但这些措施并没有也不可能消除农民与地主之间的矛盾，倒是进一步推动了矛盾的发展。

秦始皇在统一六国后敢于利用其陡然增长的政治力量无限制地滥用民力，不顾一切和变本加厉地奴役和剥削广大劳动人民，以满足其无底的欲壑。从统一后的次年开始至其"沙丘驾崩"，不到十二年间共修建宫殿七百余所，遍布全国各地，"治离宫别馆，周遍天下"（《史记·李斯列传》），加上修骊山墓，规模之浩大，在当时社会生产力很低又是在长期战争之后的情况下完全是靠榨取劳动人民血汗来实现的。广大农民除缴纳国家定额的地租（常征）外，还要交纳无定额的宅园税、户口税、牲畜税、蚕桑税、农具税等等，这样一来农民上山打柴、下海捕鱼要交税，死后葬地也要交税，造成了"男子力耕不足粮饷，女子纺织不足衣服"（《汉书·食货志》），"罄室还租，家中妻小仰室愁嗟行将坐毙"的局面。秦王朝直接对农民的剥削和压迫愈深，所加给人民的刑法也就越残酷。

秦始皇在出巡东方时期，在琅琊刻石和碣石门的刻辞上，以"黔首安宁，不用兵革"和"男乐其畴，女修其业"来粉饰升平，但历史的事实却将他的谎言打得粉碎。秦始皇时的徭役不仅是很重，而且是严重到"力罢不能胜其求""悬千钧于一发"的地步。秦在兼并战争的过程中，所消耗的人力、物力就十分浩大，统一后又接着连年战争，大兴土木，加上转输漕运以及本地官吏的征发，这样就动员了全国的民力。男劳力不足以供役，连妇女也被迫拉夫而"丁女转输"，可见徭役之重到了什么地步！广大劳动人民生活在这样大量征发无止的徭役下，不仅给生产造成极大的破坏，就是人民生命也毫无保障。"不死远戍边庭，使亡于百

般徭役"，于是出现了"断手断足以避徭役"的惨景，广大农民在死亡线上挣扎。

实际上，秦始皇时已是"群盗满山""山雨欲来风满楼"。当时已有黥布带领骊山之徒"亡之江中之盗"（《史记·黥布列传》），彭越也领导着一批青少年"常渔巨野潭中为群盗"，刘邦带领一批骊山役徒逃亡至芒、砀山间小股聚义，这就是为了求生存而起来反抗秦王朝统治的三支农民起义军。农民起义的点点星火已撒在布满干柴的大地上，"秦皇帝居灭绝之中而不自知者"，这正是秦末农民大起义酝酿于秦始皇时代的缩影。

明朝张居正曾说："如果秦始皇的继承者能够'守其法，而益振之，积至数十年，继宗世族，芟夷已尽，老师宿儒，闻见悉去'，秦王朝就不会这么快灭亡。"他认为秦王朝的灭亡是因为秦始皇死得太早了或秦二世未能"守其法，而益振之"，试想，如果秦始皇继续统治下去，他会不会突然地理智起来，"放下屠刀，立地成佛"，使阶级矛盾不再激化，而让秦王朝二世、万世地"传之无穷"呢？即使胡亥、赵高"守其法，而益振之"，又如何能挽秦王朝既倒之狂澜。何况秦二世上台是"因而不改"，继续执行秦始皇的政策的，非但"守其法"，而且大大"益振之"。

如他一上台为"报先帝"，让其老子在阴间继续享受数以百计的后宫美女，便"皆令从死"，接着又立即开工修竣"先帝"未竟之事业——阿房宫，以"章"先帝之"得意"，以观"先帝功业有绪"，不久又把秦王朝的丞相李斯杀死。二世此举，既遵秦始皇之遗志，又完秦始皇"传之无穷"之美梦，这哪一点能看出胡亥是秦始皇"逆子"的痕迹呢？历史上像胡亥这样的"末代皇帝"和诸如此类的"宫廷政变"比比皆是，何足为怪。这是由剥削阶级贪得无厌，尔虞我诈，钩心斗

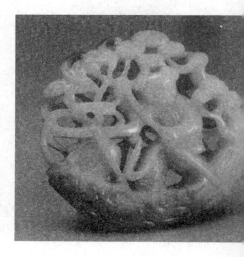

角的阶级本性所决定的。

　　赵高的种种卑劣行为无疑加速了秦王朝的灭亡，但我们不能把秦王朝灭亡的一切"罪责"一股脑儿地栽到赵高头上，我们主要谈到秦对六国政策之失，不等于是为赵高的罪行说情。相反，他所做的事情的的确确应当永远被钉在历史的耻辱柱上，让万世唾骂。评判历史人物的是非功过，有许许多多的标准或参照系，但以今日之观点，最主要的，是看其是否促进了历史的发展，是否对当时的民众有利。纵观赵高的一生，无非是诱导秦二世暴上加暴，加重了对广大民众的压迫与剥削，更导致了秦汉之际的数载战乱，使百姓重新陷于水火。这便是我们在评价赵高时给予否定的根本原因所在。